관세음보살 42수주진언

관세음보살 42수주진언

사경의 목적

사경은 경전의 뜻을 보다 깊이 이해하려는 목적도 있지만, 부처님의 말씀을 옮겨 쓰는 경건한 수행을 통해 자기의 신심信心과 원력을 부처님의 말씀과 일체화시켜서 신앙의 힘을 키워나가는데 더 큰 목적이 있다.

조용히 호흡을 가다듬고 부처님의 말씀을 마음으로 되새기며, 정신을 집중하여 사경에 임하다 보면 자신도 모르는 사이에 사경삼매에 들게 된다. 또한 심신心身이 청정해져 부처님의 마음과 통하게 되니, 부처님의 지혜의 빛과 자비광명이 우리의 마음속 깊이 스며들어 온다.

그러면 몸과 마음이 안락과 행복을 느끼면서 내 주변의 모든 존재에 대한 자비심이 일어나니, 사경의 공덕은 이렇듯 그 자리에서 이익을 가져온다.

사경하는 마음

경전에 표기된 글자는 단순한 문자가 아니라 부처님께서 깨달은 진리라는 상징성을 갖고 있다. 경전의 글자 하나하나가 중생구제를 서원하신 부처님의 마음이며, 중생을 진리의 길로 인도하는 지침인 것이다.

예로부터 사경을 하며 1자3배의 정성을 기울인 것도 경전의 한 글자 한 글자에 부처님이 함께하신다고 생각했기 때문이다. 사경이 수행인 동시에 기도의 일환으로 불자들에게 널리 행해지는 까닭이 여기에 있다.

사경은 부처님의 가르침과 함께하는 시간이며 부처님과 함께하는 시간이다. 부처님의 말씀을 가슴으로 받아들이고 마음으로 찬탄하며 진실로 기쁘게 환희로워야 하는 시간인 것이다.

따라서 사경은 가장 청정한 마음으로 임해야 한다.

사경의 공덕

- ❀ 마음이 안정되고 평화로워져 미소가 떠나질 않는다.
- ❀ 부처님을 믿는 마음이 더욱 굳건해진다.
- ❀ 번뇌 망상, 어리석은 마음이 사라지고 지혜가 증장한다.
- ❀ 생업이 더욱 번창한다.
- ❀ 좋은 인연을 만나고 착한 선과가 날로 더해진다.
- ❀ 업장이 소멸되며 소원한 바가 반드시 이루어진다.
- ❀ 불보살님과 천지신명이 보호해 주신다.
- ❀ 각종 질환이나 재난, 구설수 등 현실의 고苦를 소멸시킨다.
- ❀ 선망조상이 왕생극락하고 원결 맺은 다겁생의 영가들이 이고득락離苦得樂한다.
- ❀ 가정이 화목하고 자손들의 앞길이 밝게 열린다.

사경하는 절차

1. 몸을 깨끗이 하고 옷차림을 단정히 한다.
2. 사경할 준비를 갖춘다.(사경상, 좌복, 필기도구 등)
3. 삼배 후, 의식문이 있으면 의식문을 염송한다.
4. 좌복 위에 단정히 앉아 마음을 고요히 한다.
   (잠시 입정하면 더욱 좋다.)
5. 붓이나 펜으로 한 자 한 자 정성스럽게 사경을 시작한다.
6. 사경이 끝나면 사경 발원문을 염송한다.
7. 삼배로 의식을 마친다.

- ◆ 기도를 더 하고 싶을 때에는 사경이 끝난 뒤, 경전 독송이나 108배 참회기도, 또는 그날 사경한 내용을 참구하는 명상 시간을 갖는 것도 좋다.
- ◆ 사경에 사용하는 붓이나 펜은 사경 이외의 다른 용도에 사용하지 않도록 한다.
- ◆ 완성된 사경은 집안에서 가장 정갈한 곳(혹은 높은 곳)에 보관하거나, 경건하게 소각시킨다.

발 원 문

년 월 일

관세음보살 육자대명왕 진언

모든 번뇌와 죄악이 소멸되고
온갖 지혜와 공덕을 성취하는 진언

옴 마니 반메 훔 옴 마니 반메 훔

옴 마니 반메 훔 옴 마니 반메 훔

옴 마니 반메 훔 옴 마니 반메 훔

옴 마니 반메 훔 옴 마니 반메 훔

옴 마니 반메 훔 옴 마니 반메 훔

옴 마니 반메 훔 옴 마니 반메 훔

옴 마니 반메 훔 옴 마니 반메 훔

옴 마니 반메 훔 옴 마니 반메 훔

옴 마니 반메 훔 옴 마니 반메 훔

옴 마니 반메 훔 옴 마니 반메 훔

옴 마니 반메 훔 옴 마니 반메 훔

옴 마니 반메 훔 옴 마니 반메 훔

옴 마니 반메 훔 옴 마니 반메 훔

옴 마니 반메 훔 옴 마니 반메 훔

옴 마니 반메 훔 옴 마니 반메 훔

옴 마니 반메 훔 옴 마니 반메 훔

옴 마니 반메 훔 옴 마니 반메 훔

옴 마니 반메 훔 옴 마니 반메 훔

옴 마니 반메 훔 옴 마니 반메 훔

옴 마니 반메 훔 옴 마니 반메 훔

옴 마니 반메 훔 옴 마니 반메 훔

옴 마니 반메 훔 옴 마니 반메 훔

옴 마니 반메 훔 옴 마니 반메 훔

옴 마니 반메 훔 옴 마니 반메 훔

옴 마니 반메 훔 옴 마니 반메 훔

옴 마니 반메 훔 옴 마니 반메 훔

옴 마니 반메 훔 옴 마니 반메 훔

옴 마니 반메 훔 옴 마니 반메 훔

옴 마니 반메 훔 옴 마니 반메 훔

옴 마니 반메 훔 옴 마니 반메 훔

옴 마니 반메 훔 옴 마니 반메 훔

옴 마니 반메 훔 옴 마니 반메 훔

옴 마니 반메 훔 옴 마니 반메 훔

옴 마니 반메 훔 옴 마니 반메 훔

옴 마니 반메 훔 옴 마니 반메 훔

옴 마니 반메 훔 옴 마니 반메 훔

옴 마니 반메 훔 옴 마니 반메 훔

옴 마니 반메 훔 옴 마니 반메 훔

옴 마니 반메 훔 옴 마니 반메 훔

옴 마니 반메 훔 옴 마니 반메 훔

옴 마니 반메 훔 옴 마니 반메 훔

옴 마니 반메 훔 옴 마니 반메 훔

옴 마니 반메 훔 옴 마니 반메 훔

옴 마니 반메 훔 옴 마니 반메 훔

옴 마니 반메 훔 옴 마니 반메 훔

옴 마니 반메 훔 옴 마니 반메 훔

옴 마니 반메 훔 옴 마니 반메 훔

옴 마니 반메 훔 옴 마니 반메 훔

옴 마니 반메 훔 옴 마니 반메 훔

옴 마니 반메 훔 옴 마니 반메 훔

옴 마니 반메 훔 옴 마니 반메 훔

옴 마니 반메 훔 옴 마니 반메 훔

옴 마니 반메 훔 옴 마니 반메 훔

옴 마니 반메 훔 옴 마니 반메 훔

모든 번뇌와 죄악이 소멸되고

온갖 지혜와 공덕을 성취하는 진언

1. 관세음보살 여의보주수 진언

갖가지 보배 또는 재물을 얻고자
원하는 진언

옴 바아라 바다라 훔 바탁

옴 바아라 바다라 훔 바탁

옴 바아라 바다라 훔 바탁

옴 바아라 바다라 훔 바탁

옴 바아라 바다라 훔 바탁

옴 바아라 바다라 훔 바탁

옴 바아라 바다라 훔 바탁

옴 바아라 바다라 훔 바탁

2. 관세음보살 견삭수 진언

온갖 불안에서 안락을
원하는 진언

옴 기리나라 모나라 훔 바탁

옴 기리나라 모나라 훔 바탁

옴 기리나라 모나라 훔 바탁

옴 기리나라 모나라 훔 바탁

옴 기리나라 모나라 훔 바탁

옴 기리나라 모나라 훔 바탁

옴 기리나라 모나라 훔 바탁

옴 기리나라 모나라 훔 바탁

3. 관세음보살 보발수 진언

뱃속의 모든 병고를 없애주기
원하는 진언

옴 기리기리 바아라 훔 바탁

옴 기리기리 바아라 훔 바탁

옴 기리기리 바아라 훔 바탁

옴 기리기리 바아라 훔 바탁

옴 기리기리 바아라 훔 바탁

옴 기리기리 바아라 훔 바탁

옴 기리기리 바아라 훔 바탁

옴 기리기리 바아라 훔 바탁

4. 관세음보살 보검수 진언

모든 귀신과 도깨비에게 항복받기를
원하는 진언

옴 제세제야 도미니 도제 삿다야 훔 바탁

옴 제세제야 도미니 도제 삿다야 훔 바탁

옴 제세제야 도미니 도제 삿다야 훔 바탁

옴 제세제야 도미니 도제 삿다야 훔 바탁

옴 제세제야 도미니 도제 삿다야 훔 바탁

옴 제세제야 도미니 도제 삿다야 훔 바탁

옴 제세제야 도미니 도제 삿다야 훔 바탁

옴 제세제야 도미니 도제 삿다야 훔 바탁

5. 관세음보살 발절라수 진언

모든 하늘의 마귀와 잡된 귀신을
항복받기를 원하는 진언

옴 이베이베 이파야 마하 시리예 사바하

옴 이베이베 이파야 마하 시리예 사바하

옴 이베이베 이파야 마하 시리예 사바하

옴 이베이베 이파야 마하 시리예 사바하

옴 이베이베 이파야 마하 시리예 사바하

옴 이베이베 이파야 마하 시리예 사바하

옴 이베이베 이파야 마하 시리예 사바하

옴 이베이베 이파야 마하 시리예 사바하

6. 관세음보살 금강저수 진언

모든 원수와 적을 꺾어 없애기를
원하는 진언

옴 바아라 아니바라 닙다야 사바하

옴 바아라 아니바라 닙다야 사바하

옴 바아라 아니바라 닙다야 사바하

옴 바아라 아니바라 닙다야 사바하

옴 바아라 아니바라 닙다야 사바하

옴 바아라 아니바라 닙다야 사바하

옴 바아라 아니바라 닙다야 사바하

옴 바아라 아니바라 닙다야 사바하

7. 관세음보살 시무외수 진언

모든 두려움에서 안온함을 구하기
원하는 진언

옴 바아라나야 훔 바탁

옴 바아라나야 훔 바탁

옴 바아라나야 훔 바탁

옴 바아라나야 훔 바탁

옴 바아라나야 훔 바탁

옴 바아라나야 훔 바탁

옴 바아라나야 훔 바탁

옴 바아라나야 훔 바탁

8. 관세음보살 일정마니수 진언

눈이 어두워 광명을 구하기
원하는 진언

옴 도비가야 도비바라 바리니 사바하

옴 도비가야 도비바라 바리니 사바하

옴 도비가야 도비바라 바리니 사바하

옴 도비가야 도비바라 바리니 사바하

옴 도비가야 도비바라 바리니 사바하

옴 도비가야 도비바라 바리니 사바하

옴 도비가야 도비바라 바리니 사바하

옴 도비가야 도비바라 바리니 사바하

9. 관세음보살 월정마니수 진언

열병이 걸렸을 때 완쾌되기를
원하는 진언

옴 소싯지 아리 사바하

옴 소싯지 아리 사바하

옴 소싯지 아리 사바하

옴 소싯지 아리 사바하

옴 소싯지 아리 사바하

옴 소싯지 아리 사바하

옴 소싯지 아리 사바하

옴 소싯지 아리 사바하

10. 관세음보살 보궁수 진언

영화로운 벼슬을 구하기
원하는 진언

옴 아자미례 사바하

옴 아자미례 사바하

옴 아자미례 사바하

옴 아자미례 사바하

옴 아자미례 사바하

옴 아자미례 사바하

옴 아자미례 사바하

옴 아자미례 사바하

11. 관세음보살 보전수 진언

착한 친구를 일찍 만나기를
원하는 진언

옴 가마라 사바하

옴 가마라 사바하

옴 가마라 사바하

옴 가마라 사바하

옴 가마라 사바하

옴 가마라 사바하

옴 가마라 사바하

옴 가마라 사바하

12. 관세음보살 양류지수 진언

온갖 병을 없애기를
원하는 진언

옴 소싯지 가리바리 다남타 목다예
바아리 바아리 반다 하나하나 훔 바탁

옴 소싯지 가리바리 다남타 목다예
바아리 바아리 반다 하나하나 훔 바탁

옴 소싯지 가리바리 다남타 목다예
바아리 바아리 반다 하나하나 훔 바탁

옴 소싯지 가리바리 다남타 목다예
바아리 바아리 반다 하나하나 훔 바탁

옴 소싯지 가리바리 다남타 목다예
바아리 바아리 반다 하나하나 훔 바탁

옴 소싯지 가리바리 다남타 목다예
바아리 바아리 반다 하나하나 훔 바탁

옴 소싯지 가리바리 다남타 목다예
바아리 바아리 반다 하나하나 훔 바탁

옴 소싯지 가리바리 다남타 목다예
바아리 바아리 반다 하나하나 훔 바탁

13. 관세음보살 백불수 진언

온갖 악한 장난을 소멸하기를
원하는 진언

옴 바나미니 바아바제 모하야 아아
모하니 사바하

옴 바나미니 바아바제 모하야 아아
모하니 사바하

옴 바나미니 바아바제 모하야 아아
모하니 사바하

옴 바나미니 바아바제 모하야 아아
모하니 사바하

옴 바나미니 바아바제 모하야 아아
모하니 사바하

옴 바나미니 바아바제 모하야 아아
모하니 사바하

옴 바나미니 바아바제 모하야 아아
모하니 사바하

옴 바나미니 바아바제 모하야 아아
모하니 사바하

14. 관세음보살 보병수 진언

모든 무리들이 화합되기를
원하는 진언

옴 아례 삼만염 사바하

옴 아례 삼만염 사바하

옴 아례 삼만염 사바하

옴 아례 삼만염 사바하

옴 아례 삼만염 사바하

옴 아례 삼만염 사바하

옴 아례 삼만염 사바하

옴 아례 삼만염 사바하

15. 관세음보살 방패수 진언

호랑이등 모든 악한 짐승을 물리치기
원하는 진언

옴 약삼나나야 전나라 다노발야
바사바사 사바하

옴 약삼나나야 전나라 다노발야
바사바사 사바하

옴 약삼나나야 전나라 다노발야
바사바사 사바하

옴 약삼나나야 전나라 다노발야
바사바사 사바하

옴 약삼나나야 전나라 다노발야
바사바사 사바하

옴 약삼나나야 전나라 다노발야
바사바사 사바하

옴 약삼나나야 전나라 다노발야
바사바사 사바하

옴 약삼나나야 전나라 다노발야
바사바사 사바하

16. 관세음보살 월부수 진언

어느 때 어느 곳에서나 관재를 없애기를
원하는 진언

옴 미리야 미리야 사바하

옴 미리야 미리야 사바하

옴 미리야 미리야 사바하

옴 미리야 미리야 사바하

옴 미리야 미리야 사바하

옴 미리야 미리야 사바하

옴 미리야 미리야 사바하

옴 미리야 미리야 사바하

17. 관세음보살 옥환수 진언

아들, 딸 등의 모든 심부름꾼을 얻기를
원하는 진언

옴 바나맘 미리야 사바하

옴 바나맘 미리야 사바하

옴 바나맘 미리야 사바하

옴 바나맘 미리야 사바하

옴 바나맘 미리야 사바하

옴 바나맘 미리야 사바하

옴 바나맘 미리야 사바하

옴 바나맘 미리야 사바하

18. 관세음보살 백련화수 진언

여러 가지 공덕을 성취하기를
원하는 진언

옴 바아라 미라야 사바하

옴 바아라 미라야 사바하

옴 바아라 미라야 사바하

옴 바아라 미라야 사바하

옴 바아라 미라야 사바하

옴 바아라 미라야 사바하

옴 바아라 미라야 사바하

옴 바아라 미라야 사바하

19. 관세음보살 청련화수 진언

깨끗한 정토에 태어나기를
원하는 진언

옴 기리기리 바아라 불반다 흠 바탁

옴 기리기리 바아라 불반다 흠 바탁

옴 기리기리 바아라 불반다 흠 바탁

옴 기리기리 바아라 불반다 흠 바탁

옴 기리기리 바아라 불반다 흠 바탁

옴 기리기리 바아라 불반다 흠 바탁

옴 기리기리 바아라 불반다 흠 바탁

옴 기리기리 바아라 불반다 흠 바탁

20. 관세음보살 보경수 진언

큰 지혜를 얻기를
원하는 진언

옴 미보리 나락사 바아리 만다리 훔 바탁

옴 미보리 나락사 바아리 만다리 훔 바탁

옴 미보리 나락사 바아리 만다리 훔 바탁

옴 미보리 나락사 바아리 만다리 훔 바탁

옴 미보리 나락사 바아리 만다리 훔 바탁

옴 미보리 나락사 바아리 만다리 훔 바탁

옴 미보리 나락사 바아리 만다리 훔 바탁

옴 미보리 나락사 바아리 만다리 훔 바탁

21. 관세음보살 자련화수 진언

온갖 우주의 부처님과 만나기를
원하는 진언

옴 사리사리 바아리 가리 훔 바탁

옴 사리사리 바아리 가리 훔 바탁

옴 사리사리 바아리 가리 훔 바탁

옴 사리사리 바아리 가리 훔 바탁

옴 사리사리 바아리 가리 훔 바탁

옴 사리사리 바아리 가리 훔 바탁

옴 사리사리 바아리 가리 훔 바탁

옴 사리사리 바아리 가리 훔 바탁

22. 관세음보살 보협수 진언

땅속의 모든 보물을 얻기를
원하는 진언

옴 바아라 비사가리 아나맘나 훔

옴 바아라 비사가리 아나맘나 훔

옴 바아라 비사가리 아나맘나 훔

옴 바아라 비사가리 아나맘나 훔

옴 바아라 비사가리 아나맘나 훔

옴 바아라 비사가리 아나맘나 훔

옴 바아라 비사가리 아나맘나 훔

옴 바아라 비사가리 아나맘나 훔

23. 관세음보살 오색운수 진언

신선의 도를 성취하기를
원하는 진언

옴 바아라 가리라타 맘타

옴 바아라 가리라타 맘타

옴 바아라 가리라타 맘타

옴 바아라 가리라타 맘타

옴 바아라 가리라타 맘타

옴 바아라 가리라타 맘타

옴 바아라 가리라타 맘타

옴 바아라 가리라타 맘타

24. 관세음보살 군지수 진언

범천에 태어나기를
원하는 진언

옴 바아라 서가로타 맘타

옴 바아라 서가로타 맘타

옴 바아라 서가로타 맘타

옴 바아라 서가로타 맘타

옴 바아라 서가로타 맘타

옴 바아라 서가로타 맘타

옴 바아라 서가로타 맘타

옴 바아라 서가로타 맘타

25. 관세음보살 홍련화수 진언

온갖 하늘나라 궁전에 태어나기를
원하는 진언

옴 상아례 사바하

옴 상아례 사바하

옴 상아례 사바하

옴 상아례 사바하

옴 상아례 사바하

옴 상아례 사바하

옴 상아례 사바하

옴 상아례 사바하

26. 관세음보살 보극수 진언

침입하여 오는 역적과 원수를 물리치기
원하는 진언

옴 삼매야 기니하리 훔 바탁

옴 삼매야 기니하리 훔 바탁

옴 삼매야 기니하리 훔 바탁

옴 삼매야 기니하리 훔 바탁

옴 삼매야 기니하리 훔 바탁

옴 삼매야 기니하리 훔 바탁

옴 삼매야 기니하리 훔 바탁

옴 삼매야 기니하리 훔 바탁

27. 관세음보살 보라수 진언

모든 하늘나라 신을 청하기
원하는 진언

옴 상아례 마하 삼만염 사바하

옴 상아례 마하 삼만염 사바하

옴 상아례 마하 삼만염 사바하

옴 상아례 마하 삼만염 사바하

옴 상아례 마하 삼만염 사바하

옴 상아례 마하 삼만염 사바하

옴 상아례 마하 삼만염 사바하

옴 상아례 마하 삼만염 사바하

28. 관세음보살 촉루보장수 진언

일체 귀신에게 심부름을 시켜 어김이
없기를 원하는 진언

옴 도나 바아라 학

옴 도나 바아라 학

옴 도나 바아라 학

옴 도나 바아라 학

옴 도나 바아라 학

옴 도나 바아라 학

옴 도나 바아라 학

옴 도나 바아라 학

29. 관세음보살 수주수 진언

온 세상의 부처님이 속히 오셔서
보살펴 주기를 원하는 진언

나모라 다나다라 야야 옴
아나바제 미아예 싯디 싯달제 사바하

나모라 다나다라 야야 옴
아나바제 미아예 싯디 싯달제 사바하

나모라 다나다라 야야 옴
아나바제 미아예 싯디 싯달제 사바하

나모라 다나다라 야야 옴
아나바제 미아예 싯디 싯달제 사바하

나모라 다나다라 야야 옴
아나바제 미아예 싯디 싯달제 사바하

나모라 다나다라 야야 옴
아나바제 미아예 싯디 싯달제 사바하

나모라 다나다라 야야 옴
아나바제 미아예 싯디 싯달제 사바하

나모라 다나다라 야야 옴
아나바제 미아예 싯디 싯달제 사바하

30. 관세음보살 보탁수 진언

모든 미묘한 법음을 성취하기
원하는 진언

나모 바나맘 바나예 옴 아미리
담암베 시리예 시리탐리니 사바하

나모 바나맘 바나예 옴 아미리
담암베 시리예 시리탐리니 사바하

나모 바나맘 바나예 옴 아미리
담암베 시리예 시리탐리니 사바하

나모 바나맘 바나예 옴 아미리
담암베 시리예 시리탐리니 사바하

나모 바나맘 바나예 옴 아미리
담암베 시리예 시리탐리니 사바하

나모 바나맘 바나예 옴 아미리
담암베 시리예 시리탐리니 사바하

나모 바나맘 바나예 옴 아미리
담암베 시리예 시리탐리니 사바하

나모 바나맘 바나예 옴 아미리
담암베 시리예 시리탐리니 사바하

31. 관세음보살 보인수 진언

말 재주가 교묘하기를
원하는 진언

옴 바아라녜 담아예 사바하

옴 바아라녜 담아예 사바하

옴 바아라녜 담아예 사바하

옴 바아라녜 담아예 사바하

옴 바아라녜 담아예 사바하

옴 바아라녜 담아예 사바하

옴 바아라녜 담아예 사바하

옴 바아라녜 담아예 사바하

32. 관세음보살 구시철구수 진언

선신과 용왕이 옹호하여 주기를
원하는 진언

옴 아가로 다리가리 미사예 나모 사바하

옴 아가로 다리가리 미사예 나모 사바하

옴 아가로 다리가리 미사예 나모 사바하

옴 아가로 다리가리 미사예 나모 사바하

옴 아가로 다리가리 미사예 나모 사바하

옴 아가로 다리가리 미사예 나모 사바하

옴 아가로 다리가리 미사예 나모 사바하

옴 아가로 다리가리 미사예 나모 사바하

33. 관세음보살 석장수 진언

현재의 몸으로 부처님이 되기까지
보리심을 잃지 않기 원하는 진언

옴 날지 날지 날타바지 날제
나야바니 훔 바탁

옴 날지 날지 날타바지 날제
나야바니 훔 바탁

옴 날지 날지 날타바지 날제
나야바니 훔 바탁

옴 날지 날지 날타바지 날제
나야바니 훔 바탁

옴 날지 날지 날타바지 날제
나야바니 훔 바탁

옴 날지 날지 날타바지 날제
나야바니 훔 바탁

옴 날지 날지 날타바지 날제
나야바니 훔 바탁

옴 날지 날지 날타바지 날제
나야바니 훔 바탁

34. 관세음보살 합장수 진언

귀신, 용, 뱀, 호랑이, 사자, 사람 등이
나에게 공경하도록 원하는 진언

옴 바나만 아링하리

옴 바나만 아링하리

옴 바나만 아링하리

옴 바나만 아링하리

옴 바나만 아링하리

옴 바나만 아링하리

옴 바나만 아링하리

옴 바나만 아링하리

35. 관세음보살 화불수 진언

태어난 곳마다 부처님 곁을 여의지
않기를 원하는 진언

옴 전나리 바맘타 이가리
나기리 나기리니 훔 바탁

옴 전나리 바맘타 이가리
나기리 나기리니 훔 바탁

옴 전나리 바맘타 이가리
나기리 나기리니 훔 바탁

옴 전나리 바맘타 이가리
나기리 나기리니 훔 바탁

옴 전나리 바맘타 이가리
나기리 나기리니 훔 바탁

옴 전나리 바맘타 이가리
나기리 나기리니 훔 바탁

옴 전나리 바맘타 이가리
나기리 나기리니 훔 바탁

옴 전나리 바맘타 이가리
나기리 나기리니 훔 바탁

36. 관세음보살 화궁전수 진언

항상 부처님 궁전에 머물며
다시 태생 하지 않기를 원하는 진언

옴 미사라 미사라 훔 바탁

옴 미사라 미사라 훔 바탁

옴 미사라 미사라 훔 바탁

옴 미사라 미사라 훔 바탁

옴 미사라 미사라 훔 바탁

옴 미사라 미사라 훔 바탁

옴 미사라 미사라 훔 바탁

옴 미사라 미사라 훔 바탁

37. 관세음보살 보경수 진언

많이 들어 넓게 배우기를
원하는 진언

옴 아하라 살바미나 다라 바니제 사바하

옴 아하라 살바미나 다라 바니제 사바하

옴 아하라 살바미나 다라 바니제 사바하

옴 아하라 살바미나 다라 바니제 사바하

옴 아하라 살바미나 다라 바니제 사바하

옴 아하라 살바미나 다라 바니제 사바하

옴 아하라 살바미나 다라 바니제 사바하

옴 아하라 살바미나 다라 바니제 사바하

38. 관세음보살 불퇴전금륜수 진언

이 몸으로 부처님이 되기까지 보리심
여의지 않기를 원하는 진언

옴 서나미자 사바하

옴 서나미자 사바하

옴 서나미자 사바하

옴 서나미자 사바하

옴 서나미자 사바하

옴 서나미자 사바하

옴 서나미자 사바하

옴 서나미자 사바하

39. 관세음보살 정상화불수 진언

온 세상 부처님의 마정수기를 구하기
원하는 진언

옴 바아라니 바아람예 사바하

옴 바아라니 바아람예 사바하

옴 바아라니 바아람예 사바하

옴 바아라니 바아람예 사바하

옴 바아라니 바아람예 사바하

옴 바아라니 바아람예 사바하

옴 바아라니 바아람예 사바하

옴 바아라니 바아람예 사바하

40. 관세음보살 포도수 진언

곡식과 과실이 번성함을
원하는 진언

옴 아마라 검제이니 사바하

옴 아마라 검제이니 사바하

옴 아마라 검제이니 사바하

옴 아마라 검제이니 사바하

옴 아마라 검제이니 사바하

옴 아마라 검제이니 사바하

옴 아마라 검제이니 사바하

옴 아마라 검제이니 사바하

41. 관세음보살 감로수 진언

기갈이 든 모든 중생이 청량하게
되기를 원하는 진언

옴 소로소로 바라소로
바라소로 소로 소로야 사바하

옴 소로소로 바라소로
바라소로 소로 소로야 사바하

옴 소로소로 바라소로
바라소로 소로 소로야 사바하

옴 소로소로 바라소로
바라소로 소로 소로야 사바하

옴 소로소로 바라소로
바라소로 소로 소로야 사바하

옴 소로소로 바라소로
바라소로 소로 소로야 사바하

옴 소로소로 바라소로
바라소로 소로 소로야 사바하

옴 소로소로 바라소로
바라소로 소로 소로야 사바하

42. 관세음보살 총섭천비수 진언

대천 세계의 모든 마군들을 항복받기
원하는 진언

다나타 바로기제 새바라야
살바도따 오하야미 사바하
다나타 바로기제 새바라야
살바도따 오하야미 사바하
다나타 바로기제 새바라야
살바도따 오하야미 사바하
다나타 바로기제 새바라야
살바도따 오하야미 사바하
다나타 바로기제 새바라야
살바도따 오하야미 사바하
다나타 바로기제 새바라야
살바도따 오하야미 사바하
다나타 바로기제 새바라야
살바도따 오하야미 사바하
다나타 바로기제 새바라야
살바도따 오하야미 사바하

사 경 본

관세음보살 42수주진언

2015(불기 2559)년 5월 7일 초판 1쇄 인쇄
2023(불기 2567)년 12월 21일 초판 5쇄 발행

편 집 · 편 집 실
발행인 · 김 동 금
만든곳 · 우리출판사

서울특별시 서대문구 경기대로9길 62(충정로3가)
☎ (02)313-5047, 313-5056
Fax. (02)393-9696
wooribooks@hanmail.net
www.wooribooks.com
등록 : 제9-139호

ISBN 978-89-7561-324-1 03220

정가 6,000원